HÄDECKE

Desserts

KOCHEN WIE DIE PROFIS

Brombeersüppchen mit Limettensorbet

80 g Zucker
6 cl Portwein
½ Espressolöffel Zitronensaft
3 Gelatineblätter
300 g Brombeeren, frisch (oder TK-Ware, aufgetaut)

250 ml Limettensaft
250 ml Wasser
150 g Zucker
2 Eiweiß

Für die Garnitur:
Pfeffer, grob gemahlen
essbare Blüten, in Zucker gewendet

1 Zucker, Portwein und Zitronensaft in einem Topf kurz zum Kochen bringen, dann den Topf vom Herd nehmen. Die Gelatineblätter in kaltem Wasser einweichen, gut ausdrücken und unter die lauwarme Flüssigkeit rühren, bis sie aufgelöst sind. Die Brombeeren hineingeben und nicht weiter erhitzen.

2 Den Limettensaft mit Wasser und Zucker aufkochen, danach erkalten lassen. Eiweiß steif schlagen und unter den Limettensirup heben, danach die Masse in der Sorbetière oder Eismaschine gefrieren.

3 Zum Servieren die lauwarme Brombeersuppe in tiefe Teller oder Dessertgläser geben und mit je ein bis zwei Nocken Limettensorbet belegen. Mit etwas Pfeffer bestreuen und mit den Zuckerblüten garnieren.

PROFITIPP Brombeeren und Limetten – eine sommerlich-erfrischende Geschmackskombination und farbliches Highlight zum Abschluss einer jeden Menüfolge. Auch gesundheits- und gewichtsbewusste Gäste werden von diesem leichten Dessert begeistert sein.

Selleriesorbet im Schokoladenblatt mit Birnenbrandgranité und halbgefrorener Mango

Für die halbgefrorene Mango:
200 g Mangopüree
(aus frischen Früchten)
70 g Traubenzucker
3 EL Wasser
½ TL Agar Agar
1 Blatt Gelatine

80 g Zartbitterschokolade, gehackt

Für das Birnenbrandgranité:
½ l Wasser
100 g Zucker
60 g Invertzucker
125 ml Birnenbrand

Für das Selleriesorbet:
150 ml Wasser
120 g Zucker
20 g Traubenzucker
35 g Invertzucker
350 g Selleriesaft
(aus Staudensellerie)
1½ Gelatineblätter

Für die Garnitur:
Pfefferminze
Früchte der Saison

1 Die Hälfte des Mangopürees mit Traubenzucker, Wasser und Agar Agar gut vermischen und zum Kochen bringen. Den Topf vom Herd ziehen, dann das restliche Püree unterrühren und die kalt eingeweichte, ausgedrückte Gelatine in der Mischung auflösen. In eine flache Form gießen und gefrieren lassen.

2 Die gehackte Schokolade im Wasserbad schmelzen und mit einer Palette auf Frischhaltefolie hauchdünn aufstreichen. Fest werden lassen.

3 Für das Granité das Wasser mit Zucker und Invertzucker gut verrühren, den Birnenbrand hinzufügen, die Flüssigkeit in eine flache Form gießen und im Tiefkühlfach gefrieren lassen. Das Eis vor dem Servieren mit einer Gabel zu Granité schaben oder kratzen.

4 Für das Sorbet das Wasser mit beiden Zuckersorten zum Kochen bringen. Topf vom Herd ziehen. Gelatine in kaltem Wasser einweichen, ausdrücken und im

warmen Sirup auflösen. Den Selleriesaft unterrühren, dann die Mischung in der Sorbetière oder Eismaschine gefrieren (in der Profiküche wird dazu ein Pacojet verwendet; das ist ein Gerät, das die gefrorene Eismasse hauchdünn zu einem weichen, cremigen Sorbet fräst).

5 Zum Servieren die Schokolade und die halbgefrorene Mango in gleich große Dreiecke schneiden. Zuerst ein Schokoladenblatt auf die Teller legen, dann ein halbgefrorenes Mangodreieck darübergeben und eine Nocke Selleriesorbet auflegen. Das Sorbet mit einem zweiten Schokoladendreieck bedecken und darauf etwas Birnenbrand-Granité geben. Mit Früchten der Jahreszeit und Minze garnieren.

Dieses Rezept ist eine Hommage an Martin Berasetegui in San Sebastián.

PROFITIPP Sorbets und Granités haben im Gegensatz zu Sahne- und Milcheis einen sehr hohen Wasseranteil, der beim Gefrieren kristallisiert. Wer keine Sorbetière besitzt und bei der Herstellung von Sorbet die Bildung von großen Wasserkristallen vermeiden möchte, nimmt die Mischung immer wieder aus dem Gefrierschrank und rührt sie, anfangs mit dem Schneebesen, später mit einem Löffel, kräftig um. Richtig cremig wird das Sorbet auf diese Weise zwar nicht, aber ein erfrischendes und aromatisches Ergebnis wird die Mühe lohnen. Leichter geht es mit dem Granité, das eine körnige Struktur haben soll, aber auch hier ist das regelmäßige Umrühren während des Gefrierprozesses unumgänglich, weil sich die entstehenden Wasserkristalle sonst von den Aromen und dem Zucker trennen und der Gesamteindruck nur noch wässrig ist.
Übrigens bewirken Alkohol und Zucker im Sorbet und im Granité eine insgesamt weichere Konsistenz.

Flambierte Pfirsiche mit Pumpernickel-Krokant-Eis

8 Pfirsiche

2 EL Puderzucker
2 Zitronen, Saft
Himbeergeist zum Flambieren
4 cl Pfirsichlikör
1 EL Waldblütenhonig
250 g Himbeeren, püriert und passiert
100 ml Sekt oder Champagner

Für das Eis:
2 EL brauner Zucker
1–2 Scheiben Pumpernickel
4 Kugeln Vanilleeis

4 Minzeblätter

1 Die Pfirsiche drei bis vier Sekunden in kochendes Wasser tauchen, dann sofort in Eiswasser abschrecken. Die Haut abziehen, Pfirsiche vierteln und entkernen.

2 Den Puderzucker in eine Pfanne (bzw. Flambierpfanne) geben, den Zitronensaft unterrühren und aufkochen. Einen Schuss Himbeergeist in einer Kelle erwärmen, anzünden und den Pfanneninhalt vorsichtig flambieren. Nun den Pfirsichlikör, Honig und Himbeermark zugeben, mit Sekt oder Champagner auffüllen. Die Pfirsichviertel einlegen und bei kleiner Hitze weich köcheln. Zum Schluss nochmals mit wenig Himbeergeist flambieren.

3 Für das Eis den braunen Zucker in einer Pfanne karamellisieren. Den Pumpernickel zerbröseln und mit dem Karamell vermischen, die Masse auf ein Stück Backpapier streichen und erkalten lassen. Den erkalteten Krokant mit einem Nudelholz zu groben Bröseln verarbeiten.

4 Zum Servieren die Pfirsichviertel auf tiefen Tellern dekorativ anrichten und mit Sauce übergießen. Vanilleeiskugeln im Krokant wälzen und zu den Pfirsichen geben, mit je einem Minzeblatt garnieren und servieren.

PROFITIPP **Beim Flambieren verbrennt der Alkoholanteil der verwendeten Spirituose, die Aromastoffe hingegen gelangen in vollem Umfang in die Speise.**

Marinierte Erdbeeren
mit Rosmaringranité und Joghurtschaum

Für 6 Personen

Für die marinierten Erdbeeren:
300 g Erdbeeren
75 g Puderzucker, 3 cl Grand Marnier

Für das Rosmaringranité:
2 Rosmarinzweige
800 ml Wasser, 150 g Zucker
1 Vanillestange

Für den Joghurtschaum:
175 g Joghurt
175 g Sahne
80 g Zucker
1 Zitrone, ungespritzt

Für die Garnitur:
1 Minzezweig
6 Schokosticks

1. Zum Marinieren die Erdbeeren klein schneiden, in einer Schüssel mit Puderzucker und Grand Marnier vermischen und kühl stellen.

2. Für das Rosmaringranité die Rosmarinzweige mit Wasser, Zucker und der aufgeschlitzten Vanillestange in einem Topf aufkochen. Den Rosmarinfond durch ein Haarsieb passieren und in einer großen, flachen Form erkalten lassen. Im Tiefkühlfach gefrieren lassen, vor dem Servieren das Eis mit einem Spatel zu Granité zerstoßen.

3. Für den Joghurtschaum den Joghurt mit Sahne und Zucker in einer Schüssel verrühren. Die Zitronenschale dünn abreiben, dann den Saft auspressen. Die Joghurtmasse mit Abrieb und Saft abschmecken und in einen Sahnesiphon (Rahmbläser) füllen. Bis zum Servieren kalt stellen.

4. Zum Anrichten die marinierten Erdbeeren in ein Glas geben, mit Granité bedecken. Den Sahnesiphon gut schütteln und das Glas mit Joghurtschaum auffüllen. Mit Minzeblättchen und Schokostick garnieren.

PROFITIPP **Rosmarin, in der Dessertküche eher selten verwendet, veredelt hier im erfrischenden Granité das Aroma und die Süße der Erdbeeren.**

Apfelpizza mit Calvadoseis

Für die Apfelpizza:
500 g Blätterteig (TK)
4 Äpfel
1 EL Zucker zum Bestreuen

Für das Calvadoseis:
500 ml Sahne
200 ml Apfelsaft
150 g Zucker
6 cl Calvados
8 Eigelbe

Für die Garnitur:
Puderzucker zum Bestäuben
4 TL dickflüssiger Honig
1 EL Rosmarinnadeln, fein gehackt

1 Für die Apfelpizza den Backofen auf 200 °C vorheizen. Aus dem Blätterteig vier runde Böden ausstechen, mit der Gabel Löcher einstechen, dann die Teigrondellen auf ein mit Backpapier ausgelegtes Blech legen. Die Äpfel waschen, schälen, halbieren und entkernen. Die Apfelhälften in dünne Spalten schneiden und mit dem Zucker bestreuen, mit den Händen gut vermischen. Die gezuckerten Apfelspalten auf dem Blätterteig fächerförmig auslegen. Im vorgeheizten Backofen 20–25 Minuten goldgelb backen.

2 Für das Calvadoseis die Sahne mit Apfelsaft und Zucker zum Kochen bringen, den Topf vom Herd ziehen und die Mischung mit dem Calvados parfümieren. Die Eigelbe in einer Schüssel über dem heißen Wasserbad mit dem Schneebesen schaumig rühren. Nach und nach die heiße Sahnemischung zugießen und gut untermischen. Weiterrühren, bis die Flüssigkeit leicht bindet (zur Rose abziehen, siehe Profitipp Seite 43), durch ein Sieb passieren, die Schüssel in Eiswasser stellen und die Masse kalt rühren. In der Eismaschine gefrieren (oder, wenn keine Eismaschine zur Verfügung steht, die Creme in eine flache Form füllen und in den Gefrierschrank geben, während des Gefrierens regelmäßig kräftig umrühren).

3 Die goldbraun gebackene Apfelpizza auf Tellern anrichten und mit etwas Puderzucker überstäuben. Je eine große Kugel Calvadoseis danebengeben und mit dem Honig ein paar dekorative Fäden darüberziehen. Mit gehacktem Rosmarin bestreuen und servieren.

Bananenbiskuit auf karamellisierter Ananas und Piña-Colada-Espuma

3–4 reife Zwergbananen
150 g saure Sahne
Saft von ½ Zitrone
2 EL dunkler Rum
5 Eier
120 g Rohrzucker
260 g Mehl
Mark von 1 Vanillestange
½ EL Bio-Zitronenschalen-Abrieb
Kokosflocken, geröstet

2 Baby-Ananas, geschält
80 g Rohrzucker
100 g Butter
2 cl brauner Rum
2 cl Grand Marnier
Saft von 1 Orange (oder Saft und Kerne von 2 Maracujas)

Für die Piña-Colada-Espuma:
200 ml Kokosmark
100 ml Ananaspüree
40 ml Batida de Coco
20 ml dunkler Rum
Zucker nach Geschmack
2 Gelatineblätter
40 ml süße Sahne

1 Schale Physalis
1 EL Zucker
2 cl Grand Marnier
Muskatnuss, frisch gerieben

1 Die Bananen schälen, in Stücke schneiden, zusammen mit der sauren Sahne, dem Zitronensaft und dem Rum pürieren. Die Eier trennen. Das Eiklar zu Schnee schlagen und kalt stellen. Die Eigelbe mit Zucker schaumig aufschlagen.

2 Den Backofen auf 190 °C vorheizen. In einer Schüssel das ausgekratzte Vanillemark und die geriebene Zitronenschale unter das Bananenpüree rühren, dann nach und nach das Mehl zugeben und untermengen. Den vorbereiteten Eigelbschaum untermischen, zum Schluss den Eischnee locker unter die Masse heben. Den Teig in einen Tortenring oder in kleine Backformen füllen und im vorgeheizten Ofen backen (kleine Törtchen ca. 30 Minuten, Tortenring ca. 45 Minuten). Den Biskuit aus der Form stürzen und erkalten lassen. Vor dem Servieren mit gerösteten Kokosflocken bestreuen.

3 Von den Ananas die Schale abschneiden, das Fruchtfleisch in 5 mm dicke Scheiben schneiden. In einer beschichteten Pfanne die Ananasscheiben von beiden Seiten kurz anbraten. Den Rohrzucker in der Butter schmelzen und karamellisieren. Rum und Grand Marnier aus einer Kelle zugeben, vorsichtig flambieren. Den Orangensaft hinzugießen und kurz aufkochen. Die Ananasscheiben in den Sud legen, ein paar Stunden marinieren.

4 Kokosmark mit Ananaspüree und Batida de Coco verrühren, mit Rum und Zucker abschmecken. Gelatineblätter in kaltem Wasser einweichen. Die Sahne leicht erwärmen, sodass sich die ausgedrückte Gelatine auflösen kann. Beides zur Kokosmischung geben, gut vermischen. In den Sahnesiphon (Rahmbläser) füllen, verschließen und die Mischung im Kühlschrank zwölf Stunden oder über Nacht gut durchkühlen.

5 Die Physalis waschen und halbieren, mit Zucker und Grand Marnier gut vermischen.

6 Zum Servieren die Bananenkuchen auf Teller geben, mit Ananasscheiben und Sauce garnieren. Physalis in Gläser geben und mit Piña-Colada-Espuma auffüllen, etwas Muskatnuss frisch darüberreiben und zum Kuchen servieren.

PROFITIPP Diese tropische Geschmackskomposition aus Banane, Ananas, Kokos, Rum und Sahne ruft Ferienerinnerungen wach oder animiert beim Genuss in entsprechender Gesellschaft zur Planung der nächsten Urlaubsreise. Muskatnuss, bei uns oft nur im Kartoffelpüree benutzt, wird vor allem in der Karibik hauptsächlich für Süßspeisen verwendet.

Gebackene Erdbeeren auf Rhabarber

500 g Rhabarber
80 g Zucker
1 Zimtstange
1 Vanillestange

Für den Ausbackteig:
120 g Mehl
125 ml Milch
1 EL Öl
1 Eigelb
1 EL Zucker
1 Prise Salz
1 Eiweiß
2 TL Zucker

500 g Erdbeeren
Öl zum Frittieren
50 g Zimtzucker (1:1)

frische Erdbeeren zum Garnieren

1. Den Rhabarber schälen, waschen und in nicht zu kleine Stücke schneiden. Mit wenig Wasser, Zucker, Zimt und der aufgeschlitzten Vanillestange in einem Topf knapp gar dünsten, er soll noch etwas Biss haben. Die Hälfte des gedünsteten Rhabarbers für die Garnitur zur Seite stellen, den Rest zusammen mit dem Fond weiterköcheln, bis er zerfällt. Dann durch ein Sieb streichen.

2. Für den Ausbackteig das Mehl mit Milch, Öl, Eigelb, Zucker und Salz glattrühren. Das Eiweiß mit Zucker zu glänzendem Eischnee schlagen und locker unter den Grundteig ziehen.

3. Erdbeeren waschen, auf einem Küchentuch abtrocknen, durch den Backteig ziehen und im heißen Öl ausbacken. Auf Küchenpapier abtropfen lassen und mit Zimtzucker bestreuen.

4. Zum Servieren das Rhabarberpüree auf Teller oder in Gläser gießen und mit den ausgebackenen Erdbeeren belegen. Mit den vorbereiteten gedünsteten Rhabarberstücken und frischen Erdbeeren garnieren.

PROFITIPP Wenn man den Stiel der Erdbeeren vor dem Ausbacken an den Früchten lässt, kann man sie mit der Hand essen und sie sehen schöner aus.

Millefeuille aus Apfel und Ziegenkäse auf Honig-Champagner-Sauce

Für das Millefeuille:
2 Boskoop-Äpfel
2 EL Tannenhonig
100 g Walnusskerne, grob gehackt
200 g Ziegenfrischkäse (z. B. Picandou)

Für die Sauce:
300 ml Champagner
2 EL Tannenhonig
1 EL Limettensaft
1 EL Orangensaft
50 g kalte Butter
2 EL geschlagene Sahne

1 Die Äpfel schälen, links und rechts vom Kernhaus senkrecht in ca. 3 mm dicke Scheiben schneiden und mit einem Ausstecher in der Größe der Ziegenkäselaibchen ausstechen. Die Apfelscheiben dünn mit Honig bestreichen und mit grob gehackten Walnüssen bestreuen.

2 Den Ziegenkäse in möglichst dünne Scheiben schneiden. Jeweils vier Käse- und vier Apfelscheiben abwechselnd aufeinanderschichten und in eine gebutterte, feuerfeste Form geben.

3 Für die Sauce den Champagner mit dem Honig auf 100 ml einkochen. Den Topf vom Herd nehmen, Limetten- und Orangensaft zugeben, dann die kalte Butter nach und nach mit dem Stabmixer unterrühren, zum Schluss die geschlagene Sahne unter die Sauce heben.

4 Den Backofen auf 180 °C vorheizen. Die vorbereiteten Millefeuilles drei bis fünf Minuten erwärmen (der Käse darf nicht zu heiß werden).

5 Zum Servieren von der Honig-Champagner-Sauce auf jeden Teller einen Spiegel gießen. Mit einer Palette vorsichtig die warmen Millefeuilles aus der Form nehmen und auf die Sauce setzen.

PROFITIPP Ziegenfrischkäse nicht zu stark erhitzen, er fängt sonst an zu schmelzen und die Millefeuilles fallen in sich zusammen.

Badisches Tresterparfait

2 Eigelbe
2 Eier
60 g Zucker
½ Vanillestange
3–4 cl Trester, je nach Geschmack
400 ml Sahne
2 Eiweiß

Für die Garnitur:
4 Weinblätter
rote und weiße Trauben, nach Belieben

1 Die Eigelbe mit den Eiern, dem Zucker und dem ausgekratzten Mark der Vanillestange in einer Edelstahl-Rührschüssel über dem heißen Wasserbad schaumig aufschlagen. Die Schüssel in kaltes Eiswasser stellen und die Masse weiterschlagen, bis sie kalt ist. Den Trester unterrühren.

2 Die Sahne steif und das Eiweiß zu Schnee schlagen. Nun zuerst die Schlagsahne und dann den Eischnee unter den kalten Eierschaum heben. Die Parfaitmasse in Portionsförmchen oder in eine größere Form füllen und über Nacht einfrieren.

3 Zum Anrichten das Parfait auf einen Teller stürzen und mit einem Weinblatt und ein paar Weintrauben garnieren.

PROFITIPP Auch Grappa ist ein Tresterschnaps und eignet sich sehr gut zum Aromatisieren. Das Parfait lässt sich ohne Weiteres einige Tage vorher zubereiten.

Gefrorene Limettencremetörtchen mit Himbeerkompott

4 Limetten, ungespritzt
1 Zitrone
70 g Butter

2 Eier
70 g Zucker
2 Gelatineblätter
3 Eiweiß
50 g Zucker
1 EL heißes Wasser
1 Prise Salz

400 g Himbeeren
80 g Puderzucker
2 Scheiben Ananas, in Stücke geschnitten
1 Zweig Zitronenmelisse
2 EL brauner Zucker

1. Die Limetten waschen, mit einem Messer die Schale dünn abschneiden. Limetten und Zitrone auspressen, den Saft mit der Limettenschale und der Butter in einen Topf geben und zum Kochen bringen. Topf vom Herd nehmen, die Flüssigkeit etwas ziehen lassen, dann durch ein Haarsieb in einen zweiten Topf passieren.

2. In einer Schüssel die Eier mit Zucker schaumig schlagen. Die Gelatine in kaltem Wasser einweichen, auspressen und im warmen Limetten-Zitronen-Saft auflösen. Nun die Limettenflüssigkeit unter die schaumig geschlagene Eimasse geben und unter ständigem Schlagen mit dem Schneebesen über dem Wasserbad erhitzen, bis ein luftiger, fester Schaum entsteht. Den Topf in Eiswasser stellen und die Masse abkühlen lassen. Das Eiweiß steif schlagen, dabei nach und nach den Zucker zugeben. Zum Schluss einen Esslöffel heißes Wasser und eine Prise Salz hinzufügen, damit der Eischnee eine feste Konsistenz erhält. Den Eischnee vorsichtig unter den abgekühlten Eierschaum heben. Die Masse in kleine Förmchen füllen und gefrieren.

3. Himbeeren mit Puderzucker erhitzen und vorsichtig vermischen. Die heißen Himbeeren auf Dessertteller geben, mit Ananasstückchen und Zitronenmelisse garnieren. Die Limettencremetörtchen mit einem kleinen Messer aus den Förmchen lösen und mit braunem Zucker bestreuen. Den Zucker mithilfe eines Bunsenbrenners karamellisieren (oder die Törtchen kurz unter den Grill oder Salamander stellen). Die Limettencremetörtchen neben die Himbeeren geben und servieren.

Halbgefrorenes von der Vanille

mit Himbeersauce, Pistaziencracker, Waldbeeren und Olivenöl

Für das Halbgefrorene:
1 Ei
1 Eigelb
60 g Zucker
2 Vanillestangen
200 ml Sahne
10 ml Cognac

Für die Pistaziencracker:
3–4 EL Orangensaft
70 g Puderzucker
2 gestr. EL Mehl
40 g Pistazien, fein gehackt
1½ Bio-Orangen
40 g flüssige Butter

Für den Vanilleschaum:
50 ml Sahne
50 ml Milch
½ Vanillestange
1 Eigelb
1 EL Zucker

Für die Himbeersauce:
150 g frische Himbeeren
1 geh. EL Puderzucker
1 EL Zitronensaft
1 gestr. EL Zucker
2 EL Wasser
1 EL schwarze Oliven, entkernt, in Scheiben geschnitten
2 gestr. EL Zucker

½ Vanillestange
2 EL kaltgepresstes Olivenöl

Für die Garnitur:
½ Bund frische Minze
250 g frische Beeren nach Wahl

1 Für das Halbgefrorene das Ei mit dem Eigelb, dem Zucker und dem ausgekratzten Mark der zwei Vanillestangen in einer Schüssel über dem heißen Wasserbad aufschlagen, bis sich der Zucker aufgelöst hat und die Masse hell und luftig ist. Die Schüssel aus dem Wasserbad nehmen, in Eiswasser stellen und weiterschlagen, bis der Schaum vollständig abgekühlt ist. Die Sahne in einer zweiten Schüssel nicht zu steif schlagen und unter den kalten Eierschaum heben. Mit dem Cognac aromatisieren, dann die Masse in eisgekühlte Espressotassen (oder andere kleine Formen) füllen und sofort tiefkühlen.

2 Für die Pistaziencracker Orangensaft mit Puderzucker, Mehl, Pistazien und der dünn abgeriebenen Schale der Orangen vermischen. Die flüssige Butter unterrühren und die Masse eine Stunde kalt stellen. Den Backofen auf 180 °C vorheizen. Die vorbereitete Teigmasse mit einer Palette möglichst dünn auf Backpapier streichen und im vorgeheizten Backofen ca. 10 Minuten backen, danach abkühlen lassen. Nach dem Erkalten in Stücke brechen und trocken lagern.

3 Für den Vanilleschaum die Sahne und Milch mit dem ausgekratzten Mark der Vanillestange aufkochen. Das Eigelb mit dem Zucker in einer Schüssel verrühren, nach und nach die heiße Flüssigkeit zugeben und alles zurück in den Topf gießen. Unter Rühren erhitzen, bis die Flüssigkeit cremig bindet. Sofort in eine eisgekühlte Schüssel passieren und kalt stellen. Vor dem Servieren mit dem Stabmixer schaumig aufschlagen.

4 Den Backofen auf 180 °C vorheizen. Die Himbeeren mit Puderzucker und Zitronensaft leicht mixen und durch ein Sieb streichen. Den Zucker mit Wasser aufkochen und die Oliven darin 2 Minuten kochen. Die Oliven in ein Sieb geben, abtropfen lassen, mit den 2 Esslöffeln Zucker vermischen und auf einem mit Backpapier belegten Blech ausbreiten. Im vorgeheizten Ofen unter mehrmaligem Wenden etwa 10 Minuten kristallisieren lassen, bis die Oliven mit einer knusprigen Zuckerkruste überzogen sind.

5 Das Mark der Vanillestange mit dem Olivenöl vermischen.

6 Zum Servieren die Espressotassen in heißes Wasser tauchen und die Parfaits auf Teller stürzen. Mit Himbeersauce umgießen, mit den Beeren garnieren. Etwas Vanilleschaum rundherumverteilen und mit Vanilleöl beträufeln. Die Pistaziencracker in das Parfait stecken und mit Minzeblättchen verzieren. Zum Schluss die kristallisierten Oliven rundherumstreuen und servieren.

PROFITIPP **Parfait – Halbgefrorenes – ist eine Form von Speiseeis, die nicht, wie in einer Eismaschine, unter Rühren gefriert, sondern in der die Crememasse in Förmchen gefüllt wird und »stehend« gefriert. Dadurch sind sie bestens geeignet für die Zubereitung im privaten Haushalt.**

Halbgefrorenes von der Vanille mit Pistaziencracker und Himbeersauce

Mascarponemousse mit Beerenfrüchten

Für 6 Personen

½ l Milch
1 Bio-Zitrone, Schale
1 Vanillestange
100 g Zucker
5 Eigelbe
7 Gelatineblätter
125 g Waldblütenhonig
250 g Mascarpone
½ l Sahne

Für die Garnitur:
frische Beeren nach Belieben
Zitronenmelisse

1 Die Milch in einem Topf mit der dünn abgeschnittenen Zitronenschale und der aufgeschlitzten Vanillestange langsam zum Kochen bringen. Topf vom Herd nehmen, Zitronenschale und Vanillestange entfernen. Zucker und Eigelbe in einer Schüssel über dem heißen Wasserbad schaumig aufschlagen, dann die heiße Milch langsam zugeben und unter ständigem Rühren einarbeiten. Die Gelatineblätter einweichen, ausdrücken und in der warmen Masse auflösen, alles abkühlen lassen.

2 Wenn die Masse abgekühlt, aber noch nicht fest ist, den Honig, Mascarpone und die steif geschlagene Sahne vorsichtig unterheben. Die Mousse in Dessertgläser füllen und im Kühlschrank erstarren lassen oder die Masse erst im Kühlschrank zwei bis drei Stunden fest werden lassen und dann zum Servieren mit zwei Löffeln Nocken ausstechen.

3 Zum Servieren mit Beeren, Zitronenmelisse und, nach Belieben, einigen Sahnetupfern ausgarnieren.

PROFITIPP Die Mousse kann bereits am Vortag zubereitet werden. Als Variante können vor dem Erstarren der Masse einige Beeren untergehoben werden, was besonders hübsch aussieht, wenn die Mousse in einem hohen Dessertglas angerichtet wird. Die restlichen Beeren zum Garnieren verwenden oder mit etwas Puderzucker pürieren und als Sauce dazu reichen.

Tiramisuparfait

1 Gelatineblatt
1 Vanillestange oder 1 Pck. Vanillezucker, 125 ml Milch
3 Eigelbe
100 g Zucker
200 ml Sahne
12 cl Amaretto
400 ml Kaffee, abgekühlt
ca. 20 Löffelbiskuits

1 Die Gelatine in kaltem Wasser einweichen. Vanillestange längs halbieren und das Mark herauskratzen, zusammen mit der Milch in einen Topf geben und langsam erhitzen. Eigelb mit dem Zucker in einer Schüssel über dem Wasserbad cremig aufschlagen. Die heiße Vanillemilch nach und nach dazugeben und weiterrühren, bis die Flüssigkeit leicht bindet (zur Rose abziehen). Jetzt die Schüssel in kaltes Wasser stellen, die eingeweichte, ausgedrückte Gelatine hinzufügen und die Mischung mit dem Rührgerät kalt rühren.

2 Die Sahne steif schlagen. Den Kaffee mit Amaretto vermischen. Die Schlagsahne unter die kalte Eier-Milch-Masse heben.

3 Die Hälfte der Creme in eine Form mit ca. einem Liter Volumen füllen. Die Löffelbiskuits in den Amarettokaffee tauchen und gleichmäßig auf der Creme verteilen. Die restliche Creme darübergeben, die Oberfläche mit einer Palette glattstreichen und das Parfait im Tiefkühlfach mindestens vier Stunden gefrieren lassen.

PROFITIPP Um das Parfait leichter aus der Form zu bekommen, kann man die Form vor dem Befüllen mit Klarsichtfolie auslegen. Dieses Rezept ist ein Grundrezept für Parfaits. Anstelle der Löffelbiskuits können Früchte oder sonstige Leckereien verwendet werden. Der Fantasie sind kaum Grenzen gesetzt.

»Zur Rose abziehen«, ein Küchenfachausdruck, ist eigentlich ein Gartest für langsam erhitzte Eigelbmasse: Man lässt die cremige Masse über einen Löffelrücken laufen und pustet darauf. Bei korrekter Konsistenz bildet sich ein Wellenmuster, das an eine Rose erinnert.

Joghurt-Honig-Mousse mit Orangensauce und flambierten Brombeeren

Crème Brûlée mit frischen Erdbeeren

Für 6 Personen

1 l Crème double
4 Vanillestangen
2 Eier
3 Eigelbe

140 g Zucker
etwas brauner Zucker zum Bestreuen

frische Erdbeeren für die Garnitur

1 Die Crème double vorsichtig auf 60–70 °C erwärmen (mit Sensor oder Thermometer messen). Die Vanillestangen der Länge nach aufschneiden, dazugeben und kurze Zeit ziehen lassen. Die Eier mit Eigelben und Zucker in einer Schüssel mit einem Schneebesen gut vermischen, die erwärmte Crème double einrühren und gut eine halbe Stunde ziehen lassen. Alles durch ein Sieb streichen, das Mark der Vanillestangen ausschaben und zur Masse geben.

2 Den Backofen auf 90 °C Heißluft vorheizen (falls keine Heißluft vorhanden ist, die Temperatur auf 110 °C einstellen, evtl. ein Wasserbad verwenden). Flache Förmchen ca. drei Zentimeter hoch mit der Creme füllen und im vorgeheizten Backofen auf der mittleren Einschubhöhe ca. 45 Minuten garen. Die Cremes herausnehmen, abkühlen lassen und ca. zwei Stunden in den Kühlschrank stellen. Kurz vor dem Servieren die Cremes aus den Formen stürzen, mit braunem Zucker bestreuen und auf der obersten Einschubhöhe für drei bis fünf Minuten unter den Grill stellen, bis die Zuckerkristalle schmelzen und eine goldbraune Kruste entsteht.

3 Die Erdbeeren waschen, kleine Früchte ganz lassen, größere nach Belieben halbieren oder vierteln.

4 Zum Servieren die Crème brûlée auf Teller geben und mit frischen Erdbeeren garnieren. Wer es vorzieht, kann die Erdbeeren klein schneiden und, mit etwas Puderzucker und Zitronensaft vermischt, kurz vor dem Servieren marinieren.

PROFITIPP **Crème brûlée, wie hier beschrieben mit Doppelrahm zubereitet, ist ein köstlicher Genuss, der sich nach einem ansonsten eher leichten Menu als sättigender Abschluss bestens eignet.**

Schwarzwälder Kirschcreme

300 ml Vanilleeis
300 ml Sahne
6 Gelatineblätter
4 cl Kirschwasser
2 EL dunkle Schokolade, geraspelt

1 Glas Bio-Sauerkirschen (500 ml)
1 EL Zucker
1 EL Maismehl
4 cl Rum

1 Das Vanilleeis leicht antauen lassen, die Sahne steif schlagen, anschließend beides miteinander in einer Schüssel verrühren. Die Blattgelatine in kaltem Wasser einweichen, ausdrücken und im erwärmten Kirschwasser auflösen, etwas abkühlen lassen, dann mit der Sahne-Eis-Masse vermischen. Die geraspelte Schokolade unterrühren, die Schüssel mit Frischhaltefolie bedecken und die Creme im Kühlschrank fest werden lassen.

2 Den Saft der Kirschen mit Zucker aufkochen. Rum mit Maismehl glatt verrühren und zum Saft geben. Kochen, bis der Saft bindet, dann die Kirschen unterrühren und erkalten lassen.

3 Zum Servieren auf jeden Teller einen Spiegel mit den Kirschen und ihrem Saft gießen. Mit zwei Löffeln schöne Nocken von der Creme formen und auf den Kirschspiegel setzen.

PROFITIPP Diese Kirschcreme ist einfach zuzubereiten, schmeckt verblüffend raffiniert, ist optisch ansprechend und kann problemlos im Voraus zubereitet werden. Wenn Kinder mitessen, kann zum Auflösen der Gelatine statt Kirschwasser normales Wasser verwendet werden.

Abgeflämmtes Winterapfel-Eisparfait

Für 8–10 Personen

3 Äpfel
180 ml Winterapfellikör
180 ml Wasser, 180 g Zucker
9 Eigelbe, 6 EL Wasser
3 Eiweiß, 90 g Zucker

600 ml Sahne, 2 cl Winterapfellikör
Biskuitboden

4 Eiweiß, 100 g Zucker
Puderzucker zum Bestäuben

1 Äpfel schälen, Kerngehäuse entfernen und das Fruchtfleisch klein würfeln. In einem Topf mit dem Winterapfellikör zusammen aufkochen, wieder abkühlen lassen und ca. eine Stunde ziehen lassen. Das Wasser mit Zucker zu einem dicken Sirup einkochen. Eigelbe und Wasser über einem heißen Wasserbad in einer Schüssel hellgelb aufschlagen, den heißen Sirup nach und nach zugeben und noch etwas weiterschlagen. Danach die Schüssel in Eiswasser stellen und die Mischung kalt rühren. Die abgekühlten Apfelwürfel zugeben und unterrühren. Eiweiß zuerst halb steif schlagen, dann allmählich den Zucker einrieseln lassen und völlig steif schlagen. Die Sahne ebenfalls steif schlagen, mit dem Eischnee und dem Winterapfellikör locker unter die Apfelmasse heben und in Förmchen füllen. Den Biskuitboden in Scheiben ausstechen (Förmchengröße) und obenauf setzen. Die Parfaits mit Folie bedecken und einfrieren.

2 Für die Baiserhaube das Eiweiß zuerst halbsteif schlagen, dann nach und nach den Zucker einrieseln lassen und zu steifem Eischnee schlagen. Baisermasse in einen Spritzbeutel füllen. Die Parfaits aus den Förmchen auf Teller stürzen, den Eischnee gleichmäßig aufspritzen. Mit einem Bunsenbrenner die Baisermasse abflämmen, so dass die Spitzchen leicht gebräunt sind. Mit Puderzucker bestäuben und servieren.

PROFITIPP Ein Dessert, das Eindruck macht und dennoch keinen Stress verursacht, da das Parfait vorbereitet und eingefroren wird und vor dem Servieren nur noch die Baisermasse hergestellt und geflämmt werden muss. Wer keinen Bunsenbrenner zur Hand hat, kann aus dem Eischnee auf ein mit Backpapier belegtes Blech Baisers spritzen und im Backofen kurz übergrillen. Vor dem Servieren einfach die Baisers auf die gestürzten Parfaits legen.

Zimtzabaglione
mit Aachener Printen

Für die Zabaglione:
6 Eigelbe
100 g Zucker
300 g Weißwein
1 TL Zimtpulver
200 g Aachener Printen mit Schokoladenüberzug

Für die Garnitur:
4 Pfefferminzblätter

1. Für die Zabaglione die Eigelbe mit Zucker, Zimt und Weißwein in der Rührschüssel mit dem Schneebesen über einem heißen Wasserbad aufschlagen, bis der Schaum gelblich-dick wird.

2. Die Printen klein würfeln und in tiefen Tellern, Gläsern oder Dessertschalen anrichten. Die warme Zabaglione darübergeben, mit Minzeblättchen garnieren und sofort servieren.

PROFITIPP Zabaglione, die klassische italienische Weinschaumcreme (in Frankreich heißt sie Sabayon), ist ein sehr beliebtes Dessert, vor dessen Zubereitung sich viele grundlos scheuen. Die Eigelb-Zucker-Wein-Mischung wird unter ständigem Rühren langsam erhitzt, bis sie leicht bindet. Solange das Wasserbad nicht kocht und die Masse an keiner Stelle in der Schüssel anbrennt, gelingt der Schaum. Zudem kann man die Creme statt mit Wein (und Zimt wie im obigen Rezept) in unzähligen Varianten zubereiten: Mit Marsala, Likören, Champagner, Portwein, Spirituosen etc. Man kann sie mit Vanille und anderen Aromen würzen oder salzig zubereiten und als Sauce zu Fisch oder Krustentieren verwenden.

Tiramisu mit Silvaner

5 Eigelbe
125 g Puderzucker
1 Vanillestange
4 Gelatineblätter

500 g Mascarpone
200 ml Sahne, steif geschlagen

15–20 Löffelbiskuits
ca. 300 ml Frankenwein, Silvaner oder Riesling

Kakao zum Bestäuben

1 Die Eigelbe mit dem Puderzucker und dem ausgekratzten Mark der Vanillestange über dem heißen Wasserbad aufschlagen, bis ein fester Schaum entsteht. Die in kaltem Wasser eingeweichte Gelatine ausdrücken und in den warmen Schaum rühren, bis sie sich aufgelöst hat. Die Schüssel aus dem Wasserbad nehmen und die Creme auf Eiswürfeln kalt schlagen. Nun den Mascarpone unterrühren, zum Schluss die steif geschlagene Sahne unterheben.

2 Die Löffelbiskuits in eine passende Form legen und mit Silvaner tränken. Mit der Mascarponecreme bedecken und die Oberfläche mit einer Palette glattstreichen. Das Tiramisu ca. drei Stunden in den Kühlschrank stellen, bis die Creme fest ist.

3 Das Silvanertiramisu mit Kakao bestäuben und in der Form servieren.

PROFITIPP Alternativ zur großen Form kann das Tiramisu in Portionsgläsern oder Glasschalen angerichtet werden.

Gebackener Sanddornpudding

½ l Milch
½ Vanillestange, Mark
125 g Mehl
100 g Zucker
1 Prise Salz
2 Eier
6 Eigelbe
50 g Sanddornbeeren
(tiefgekühlt erhältlich)
25 g Butter, zerlassen

Für die Panade:
2 Eier
150 g Semmelbrösel

Rapsöl zum Ausbacken
Puderzucker zum Bestäuben
Pfefferminzblätter

1 Die Milch mit dem Vanillemark aufkochen. Das Mehl in eine Schüssel sieben, Zucker, Salz, Eier und die Eigelbe zugeben und alles mit einem Schneebesen kräftig durchrühren. Die heiße Milch durch ein Sieb nach und nach zugießen und sorgfältig unterrühren. Die Masse in einen Topf umfüllen und unter ständigem Rühren zum Kochen bringen. Fünf Minuten leicht köcheln, dabei ständig weiterrühren. Den Topf vom Herd nehmen, die aufgetauten Sanddornbeeren und die Butter unterziehen. Die Creme in eine ausgebutterte Form gießen, erkalten und gut durchkühlen lassen.

2 Zum Panieren die Eier in einem tiefen Teller verquirlen, in einen zweiten tiefen Teller die Semmelbrösel geben. Die kalte Creme vorsichtig aus der Form stürzen und in ca. 2 × 2 cm große Stücke schneiden. Die Cremestücke zuerst durch die Eier ziehen, dann mit Semmelbröseln panieren. Im heißen Rapsöl die Würfel goldgelb backen. Auf Küchenpapier abtropfen lassen, mit Puderzucker bestäuben und mit Minze garnieren. Dazu passt eine geeiste Vanillesauce.

PROFITIPP Die säuerlichen, vitamin- und mineralstoffreichen Sanddornbeeren verleihen dem Pudding Frische und Raffinesse. Als Begleitung dazu wäre auch ein Bett aus Beerenmark oder Fruchtpüree oder -kompott passend.

Oliven-Schokoladen-Pudding
mit Laphroaig-Orangen-Eis

Für den Oliven-Schokoladen-Pudding:
125 g Butter
125 g Bitterschokolade, gerieben oder gehackt
2 Eier
2 Eigelbe
60 g Zucker
40 g Mehl
2 EL schwarze Oliven, entkernt und fein gehackt

Für das Laphroig-Orangen-Eis:
125 g Milch, 125 g Sahne
60 g Zucker, 60 g Eigelb
160 g Orangenfilets
20 g Grand Marnier, 30 ml Glukosesirup (alternativ: dünnflüssiger Honig)
1–2 EL Laphroaig (Single Malt Whisky)

Zum Garnieren:
Orangenfilets, Minzeblättchen

1. Den Backofen auf 180 °C vorheizen. Die Butter mit der Bitterschokolade vorsichtig erhitzen, bis alles schön geschmolzen ist. Eier mit Eigelben und Zucker schaumig schlagen, unter die Schokoladenmasse heben und zum Schluss das Mehl und die gehackten Oliven unterrühren. Die Masse in Puddingförmchen füllen und in ein kochendes Wasserbad stellen. Im vorgeheizten Ofen 12–15 Minuten backen.

2. Für das Laphroig-Orangen-Eis die Milch mit der Sahne und der Hälfte des Zuckers aufkochen. Das Eigelb mit dem restlichen Zucker in einer Schüssel über heißem Wasserdampf schaumig schlagen. Nach und nach die heiße Milch-Sahne-Mischung dazugeben und die Masse weiterrühren, bis sie leicht bindet (zur Rose abziehen, siehe Hinweis Seite 43). Danach die Schüssel in kaltes Wasser stellen und die Masse weiterrühren, bis sie kalt ist.

3. Die Orangenfilets mit Grand Marnier und Glukosesirup grob mixen und unter die Grundmasse rühren, mit Laphroaig nach Geschmack aromatisieren. In der Eismaschine oder im Tiefkühlfach gefrieren lassen.

4. Zum Servieren den Pudding auf Teller stürzen und mit zwei Löffeln aus dem Orangeneis je zwei schöne Nocken formen und danebengeben. Nach Belieben mit Orangenfilets und Minzeblättchen garnieren und servieren.

Kaiserschmarrn
mit kandierten Rosmarin-Aprikosen

Für die Rosmarin-Aprikosen:
8 EL Akazienhonig
160 g Aprikosen, halbiert und entsteint
1 kleiner Rosmarinzweig, fein gehackt
4 cl Aprikosenbrand (Marillengeist)

80 g Rosinen
4 cl Rum

Für den Kaiserschmarrn:
300 g Mehl, 1 Prise Salz
75 g Puderzucker
1 EL Vanillezucker
250 ml Vollmilch
8 Eier
Butterschmalz oder Öl zum Backen

Puderzucker zum Bestreuen

1 Für die Aprikosen den Honig in einem Topf erwärmen, Aprikosenhälften und Rosmarin hineingeben, mit Brand auffüllen und zwei bis drei Minuten köcheln.

2 Die Rosinen im Rum einweichen.

3 Für den Kaiserschmarrn das Mehl in eine Schüssel sieben. Salz, Puderzucker, Vanillezucker und Milch zugeben und gut verrühren, dann die Eier zugeben und zu einem glatten Teig verquirlen. Zehn Minuten ruhen lassen, dann den Teig durch ein Sieb passieren. Eine Pfanne erhitzen, Butterschmalz oder Öl hineingeben und von dem Teig vier gleich große Pfannkuchen ausbacken, dabei den Teig jeweils mit den Rumrosinen bestreuen, wenden und fertig backen. Die Eierkuchen mit zwei Gabeln in Stücke teilen und warm stellen.

4 Zum Servieren den Kaiserschmarrn auf Teller verteilen und mit Puderzucker bestäuben. Das Rosmarin-Aprikosen-Kompott dazu geben und noch warm servieren. Wer möchte, kann noch Vanilleeis dazu reichen.

PROFITIPP Die eigene Herstellung von Vanillezucker ist denkbar einfach: Zucker in ein kleines Glas mit Drehverschluss geben, das Mark von 1–2 Vanillestangen auskratzen und gut mit dem Zucker vermischen, die ausgekratzten Vanillestangen hineinstecken und das Glas nach jedem Gebrauch verschließen.

Mecklenburger Schwarzbrotpudding

400 g Schwarzbrot
100 g Backpflaumen, entkernt
600 ml Holundersaft
Mark einer Vanillestange

8 Eier
80 g Butter
140 g Puderzucker
100 g Haselnüsse, gerieben

½ TL Zimtpulver
Salz
1 Prise Zucker

Butter und Semmelbrösel für die Form

Für die Sauce:
400 ml Vanillesauce, eisgekühlt
3 EL Sanddornsirup

1 Das Schwarzbrot in feine Würfel schneiden, die Backpflaumen klein schneiden und beiseitelegen. In einem Topf den Holundersaft mit Vanillemark auf 325 ml einkochen. Die Brotwürfel mit dem heißen Saft begießen und gut verrühren.

2 Die Eier trennen. Eigelbe mit Butter und Puderzucker mithilfe eines Handrührgeräts vier bis fünf Minuten schaumig schlagen. Backpflaumen und Haselnüsse unterrühren, mit Zimt und Salz würzen. Die eingeweichten Brotwürfel unterheben.

3 Den Backofen auf 180 °C vorheizen. Eiweiß mit einer Prise Zucker steif schlagen und unter die vorbereitete Masse heben. Eine kleine Gugelhupfform mit Butter einfetten und mit Semmelbröseln ausstreuen. Die Masse in die Form füllen. Zwei bis drei Liter Wasser in einem Topf aufkochen. Die Gugelhupfform in den Topf geben und mit gefettetem Backpapier bedecken. Alles in den Ofen schieben und 30 Minuten backen. Dann den Backofen ausschalten und den Pudding darin noch 30 Minuten ruhen lassen.

4 Die Vanillesauce mit Sanddornsirup verrühren, die Sauce nochmals kalt stellen.

5 Zum Servieren den warmen Pudding vorsichtig aus der Form stürzen und in Stücke schneiden. Auf Teller geben und mit etwas geeister Sauce umgießen. Die restliche Sauce getrennt dazu servieren.

Crêpes Suzette

Für die Crêpes:
125 g Mehl
300 ml Milch
50 g Butter, flüssig
1 Prise Salz
2 Eier
etwas Butter zum Braten

2 Orangen, ungespritzt
1 Zitrone, ungespritzt
12 Stück Würfelzucker
1 EL Butter
4 cl Cognac oder Weinbrand
4 cl Grand Marnier
gebräunte Mandelblätter, Vanilleeis

1 Für die Crêpes das Mehl mit Milch und Butter glattrühren, dann mit Salz und Eiern zu einem Pfannkuchenteig verarbeiten. Den Teig eine halbe Stunde im Kühlschrank ruhen lassen. Aus dem Teig in einer kleinen Pfanne nacheinander dünne Crêpes mit wenig Butter backen.

2 Die Schale der Orangen und der Zitrone kräftig mit Zuckerwürfeln abreiben, anschließend den Saft der beiden Orangen auspressen. In einer Pfanne die Zuckerwürfel mit etwas Butter langsam karamellisieren, mit einem kräftigen Schuss Orangensaft ablöschen (Vorsicht, das kann spritzen!). Die fertigen Crêpes in diese Sauce legen und durchziehen lassen. Dann die Pfannkuchen zu Vierteln falten und in der Pfanne mit Grand Marnier und Cognac flambieren (den Alkohol nie direkt aus der Flasche, sondern mit einem Schöpflöffel zugeben und vorsichtig anzünden, es kann eine Stichflamme geben). Nun den restlichen Orangensaft dazugeben, die Crêpes noch etwas in der Sauce ziehen lassen und warm servieren.

3 Zum Servieren die gefalteten, warmen Crêpes auf Teller geben, mit etwas Sauce aus der Pfanne überziehen und mit gebräunten Mandelblättern bestreuen. Je eine Kugel Vanilleeis dazugeben.

PROFITIPP **Dieser Klassiker schmeckt einfach köstlich. In einer Flambierpfanne bei Tisch zubereitet, ist das Dessert eine Attraktion.**

Topfenknödel mit Marillen

40 g Butter
1 Pck Vanillezucker
1 Msp. Zitronenschalen, gerieben
1 Prise Salz
200 g Topfen (Quark)
2 Eier
1 TL Mehl
100 g Weißbrot oder Toastbrot, entrindet und in Würfel geschnitten

50 g Weißbrotbrösel, 50 g Butter
1 Prise Salz, 50 g Zucker, 1 TL Zimt

4 schöne, große Marillen (Aprikosen)
4 EL Grand Marnier

Für die Garnitur:
Sternanis, Waldmeister- oder Pfefferminzzweige

1. Die weiche Butter mit Vanillezucker, Zitronenschale und einer Prise Salz schaumig rühren. Den Topfen, die Eier und das Mehl dazugeben und zuletzt die Brotwürfel untermengen. Die Topfenmasse ca. eine Stunde kalt stellen.

2. Aus der Topfenmasse mit dem Eisportionierer Knödel ausstechen oder mit einem Löffel Nocken formen und in siedendem Salzwasser garen, bis sie an der Oberfläche schwimmen.

3. Die Brösel in der Butter mittelbraun rösten, etwas abkühlen lassen, mit Zimt und Zucker vermischen. Die Knödel abtropfen lassen und noch heiß in der Bröselmasse wälzen.

4. Die Marillen waschen, vom Kern befreien, das Fruchtfleisch in Spalten schneiden. In einer Pfanne den Grand Marnier erhitzen, die Marillen darin schwenken, bis sie weich sind.

5. Zum Servieren die Marillenspalten auf Tellern anrichten und die Topfenknödel daraufsetzen. Nach Belieben mit Sternanis, Minze oder Waldmeister garnieren.

PROFITIPP **Statt in gerösteten Weißbrotbröseln und Zimtzucker können die Knödel auch in Mohn, mit etwas Zucker vermischt, gewälzt werden.**

Grießflammeri mit Erdbeeren, Espressosauce und Kiwis

1 l Milch, 1 Vanillestange
1 Prise Salz, 50 g Zucker
180 g Hartweizengrieß
5 Gelatineblätter
100 g Eiweiß, 50 g Zucker
Butter und Zucker für die Förmchen
4 schöne, rote Erdbeeren

Für die Espressosauce:
30 g Espressobohnen
200 ml Sahne, 20 g Zucker
1 Msp. Agar Agar, 4 cl Kaffeelikör

300 g Erdbeeren, 2 Kiwis
4 cl Grand Marnier

1 Die Milch mit der längs aufgeschnittenen Vanillestange, Salz und Zucker aufkochen. Den Grieß langsam einrühren und auf kleiner Flamme ca. zehn Minuten köcheln. Den Topf vom Herd nehmen, die Vanillestange entfernen. Die Gelatine in kaltem Wasser einweichen, ausdrücken und in die warme Grießmasse einrühren. Das Eiweiß mit Zucker steif schlagen, bis sich weiche Spitzen bilden. Den Eischnee unter die lauwarm abgekühlte Grießmasse heben. Kleine Timbaleformen ausbuttern und mit Zucker ausstreuen. Die Timbale nun bis zur Hälfte mit der Grießmasse füllen. Je eine entstielte Erdbeere in die Mitte drücken, dann mit Grießmasse bedecken. Für mindestens acht Stunden kühl stellen.

2 Für die Espressosauce die Bohnen mit Sahne und Zucker aufkochen und ein paar Stunden, am besten über Nacht, stehen lassen. Danach die Espressosahne durch ein Sieb passieren, Agar Agar unterrühren und nochmals aufkochen. Unter Rühren drei Minuten köcheln. Den Kaffeelikör unterrühren, die Sauce abkühlen lassen und kalt stellen.

3 Vier Erdbeeren in 5 mm dicke Scheiben schneiden und als Garnitur aufheben. Die restlichen Erdbeeren und die geschälten Kiwis in zentimetergroße Würfel schneiden, beides in einer kleinen Schüssel mit dem Grand Marnier vermischen.

4 Zum Servieren die Grießflammeris aus den Förmchen stürzen, mit einem scharfen Messer halbieren und auf Tellern anrichten. Mit Espressosauce umgießen, mit Erdbeerscheiben und dem Erdbeer-Kiwi-Salat garnieren.

Salzburger Nockerl

6 Eiweiß
1 Prise Salz
50 g Zucker
1 Vanillestange
2 Eigelbe
1 Bio-Zitrone, Schalenabrieb
1 EL Mehl

Butter für die Form
Puderzucker zum Bestäuben

1 Das Eiweiß mit Salz halb steif schlagen. Nach und nach den Zucker einrieseln lassen und so lange weiter schlagen, bis sich der Zucker ganz gelöst hat und der Eischnee glänzt. Die Vanillestange der Länge nach halbieren und das Mark herauskratzen. Die Eigelbe mit dem Vanillemark, der abgeriebenen Zitronenschale und zwei Esslöffeln von dem Eischnee mit einem Handrührgerät schlagen, danach die Mischung vorsichtig unter den restlichen Eischnee ziehen. Das Mehl darüberstäuben und vorsichtig unter die schaumige Masse ziehen.

2 Den Backofen auf 180 °C vorheizen. Eine ovale, feuerfeste Form von einem Liter Inhalt mit Butter ausfetten. Von der Eimasse mit zwei großen Löffeln vier Nockerl formen und nebeneinander in die Form setzen. Im vorgeheizten Backofen auf der zweiten Schiene von unten zehn bis zwölf Minuten goldgelb backen.

3 Die Form vorsichtig aus dem Ofen nehmen, die Nockerl mit Puderzucker bestäuben und sofort in der Form servieren. Dazu passen alle Arten von Früchte- und Beerenkompott oder Fruchtpürees.

PROFITIPP **Dieses luftige, einem Soufflé ähnliche Gebäck verträgt keine Zugluft und keinen Temperaturabfall, deshalb sollte während des Backens die Backofentür nicht geöffnet werden.**

Warmer Zwetschgenknödel im angeheiterten Kompott mit gerösteten Haselnüssen

Für den Knödelteig:
500 g Magerquark
2 Eier
400 g Mehl
1 Prise Salz (für das Kochwasser)
1 EL Zucker

Für die Füllung:
8 schöne, reife Zwetschgen (frisch, mit Stein)
8 Würfelzucker

Für die gerösteten Haselnüsse:
120 g Butter, 8 EL Haselnüsse, gehackt, 1 EL Vanillezucker

Für das Kompott:
8 Zwetschgen, frisch, halbiert
4 EL Rotwein, 2 EL Gelierzucker 1:1
1 Msp. Zimt, gemahlen
2 cl Zwetschgengeist

Puderzucker zum Bestäuben

1 Für den Knödelteig den Quark über einem Sieb gut abtropfen lassen und in eine Schüssel geben. Die Eier und das Mehl unterrühren, der Teig soll relativ fest sein, bei Bedarf etwas mehr Mehl dazugeben. Den Teig in acht Portionen teilen, jedes Stück leicht flach drücken. Die Zwetschgen waschen, trocken tupfen und entkernen, ohne die Frucht zu halbieren (Entsteiner). Je einen Würfelzucker in die Öffnung stecken und zusammendrücken. Die Zwetschgen in die Teigstücke legen und den Teig zu Knödeln formen. In einem ausreichend großen Topf in siedendem Salzwasser die Knödel bei schwacher Hitze 15 Minuten ziehen lassen. Wenn sie an die Oberfläche steigen, sind die Knödel gar.

2 Butter und Vanillezucker in der Pfanne erhitzen, die gehackten Nüsse zugeben und bei nicht zu starker Hitze bräunen, bis sie knusprig sind.

3 Für das Kompott die Zwetschgen mit Rotwein, Gelierzucker, Zimt und dem Zwetschgengeist in einem Topf drei bis vier Minuten köcheln.

4 Die Knödel abtropfen lassen und auf Tellern anrichten. Je einen Knödel aufbrechen, damit die Füllung sichtbar wird. Mit Haselnussbutter überziehen, nach Belieben mit Puderzucker bestäuben. Das Kompott dazuschöpfen und servieren.

DEUTSCHLAND

Restaurant Graf Zeppelin
Sterne-Koch Mike Schneider
Hotel im Sachsenpark
Walter-Köhn-Straße 3
04356 Leipzig-Messe
Tel. 0341 52520
Fax 0341 5252228
www.sachsenparkhotel.de

Sterne-Maître Ralf Schröder
Biocoach
Kloster Rühn Biomanufaktur
Rudolf-Tarnow-Straße 9
18299 Laage
Tel. 0171 8378511
www.biocoach-mv.de

Restaurant Sandperle
im Best Western Premier Hotel Ambassador
Sterne-Maître Jörg Reinhardt
Im Bad 26
25826 Sankt Peter Ording
Tel. 04863 7090
Fax 04863 2666
www.hotel-ambassador.de

tegut...bankett GmbH
Sterne-Unternehmen
Roland Braun
Gerloser Weg 70
36039 Fulda
Tel. 0661 2509869
Fax 0661 2509878
www.tegut-bankett.com

Restaurant Haus Stemberg Anno 1864
Sterne-Koch Walter Stemberg
Kuhlendahler Str. 295
42553 Velbert-Neviges
Tel. 02053 5649
Fax 02053 40785
www.haus-stemberg.de

Sterne-Koch Christophe Meyer
CMC
Brauweilerstr.8
50259 Pulheim
Tel. 02238 8030568
Fax 02238 4208669

Nationalcook Mietkochservice, Gastronomiedienstleistung u. Veranstaltungsservice
Sterne-Koch Hermann Donnik
Postfach 600316
50683 Köln
Tel. 0160 6692738
www.nationalcook.eu

Cuisine Concept
Sterne-Maître Markus Haxter
Duckterather Weg 91
51469 Bergisch Gladbach
Tel. 02202 7311, Fax 02202 709623
www.cuisine-concept.de

Cuisine Culinaire
Sterne-Maître Uwe Steiniger
Hauertal 6
51570 Windeck
Tel. 02292 959880
Fax 02292 959870
www.uwe-steiniger.de

Hotel Restaurant Café Haus Hochstein
Sterne-Koch Thomas Hochstein
Südstraße 6
59889 Eslohe-Wenholthausen
Tel. 0297 397110, Fax 0297 3971111
www.haus-hochstein.de

Restaurant Don Giovanni
im Seehotel Niedernberg
Sterne-Maître Joachim Elflein
Leerweg
63843 Niedernberg
Tel. 06028 9990, Fax 06028 9992222
www.seehotel-niedernberg.com

Landgasthaus Ratsstuben
Sterne-Maître Uwe Ochott
Bahnhofstr. 1
71287 Weissach
Tel. 07152 339296 (Partyservice)
Tel. 07152 915233 (Ratsstuben)
Fax 07152 9260086
www.landgasthaus-ratsstuben.de

Schassbergers Seehotel
Sterne-Maître
Ernst-Ulrich W. Schassberger
Ebnisee 2
73667 Ebnisee
Tel. 07184 2918107
Fax 07184 2918129
www.schassbergers-seehotel.de

Katholische Akademie
Sterne-Koch René Häfner
Wintererstr. 1
79104 Freiburg
Tel. 0761 319180, Fax 0761 31918111
www.katholische-akademie-freiburg.de

Sterne-Maître Wilfried Haase
Illerstr. 10
87477 Sulzberg
Tel. 0174 1082444

Landgasthof Alte Säge
Sterne-Koch Manfred Geyer
Römerstraße 2
87487 Wiggensbach/Ermengerst
Tel. 08370 929990
Fax 08370 929966
www.alte-saege.de

Sterne-Koch Markus Welt
Im Hirschtal 7
89555 Steinheim am Albuch
Tel. 07329 919616
Fax 07329 919615
www.mcmv-welt.de

Wiesingerhof
Sterne-Köchin Elisabeth Wiesinger
Bertholdsdorf 40
91575 Windsbach
Tel. 09871 9287
Fax 09871 6579666
www.elisabethwiesinger.de

ÖSTERREICH

Foodconcepts
Sterne-Maître Ingo Taubert
Alszeile 73
1170 Wien
Tel. 0043 1485 461125
Fax 0043 1485 461132

SCHWEIZ

Romantik Hotel Schönegg
Sterne-Maître Hubert-Eugen Mayer
Dorfstrasse, 3823 Wengen
Tel. 0041 33 8553422
Fax 0041 33 8554233
www.hotel-schoenegg.ch

SPANIEN

Residenz Chayofa Park
Sterne-Maître Hans-Joachim Figge
C / el Barranco Verodal 30 / 8
38652 Chayofa, Tenerife / Islas Canarias
Tel. 0034 922729081
Fax 0034 922729458
www.teneriffa-traumurlaub.de
www.figge.tv

Alle hier genannten Köchinnen und Köche sind World-Toques/Euro-Toques Sterne-Köche oder Sterne-Maîtres.

Kochen wie die Profis – die Reihe für Genießer

Jeder Band bietet auf 95 Seiten ausgesuchte Rezepte der Euro-Toques und World-Toques Sterne-Köche und Euro-Toques- und World-Toques-Maîtres.

Fische aus Flüssen und Seen
ISBN 978-3-7750-0551-7

Frühlings- und Sommergemüse
ISBN 978-3-7750-0555-5

Herbst- und Wintergemüse
ISBN 978-3-7750-0553-1

Lamm
ISBN 978-3-7750-0554-8

Suppen
ISBN 978-3-7750-0552-4

Kalte Vorspeisen
ISBN 978-3-7750-0556-2

Wild
ISBN 978-3-7750-0550-0

HÄDECKE

Weitere Informationen über Bücher für Genießer erhalten Sie beim

Walter Hädecke Verlag · Postfach 1203 · D-71256 Weil der Stadt
Fax +49(0)7033/1380813 · www.haedecke-verlag.de